COMMENT INVESTIR AVEC LE PEA ?

GUIDE SUR LE PLAN ÉPARGNE ACTION

Préface

Ce livre est dédié aux hommes et aux femmes qui souhaite trouver une alternative à l'investissement dit "normal". Les livrets classiques comme le livret A ne permettent plus de s'enrichir. Et le PEA devient une opportunité pour qui sait comment bien faire, alors pourquoi ne tenter le coup et commencer à générer des revenus plus conséquents avec ses économies ?

Bien évidemment, ce livre n'est pas un livre magique ! les conseils qui se situent dans les prochaines pages ne sont pas des garantis. Ils reflètent seulement plusieurs avis de la société. Cela ne veut pas dire on plus que vous allez vous enrichir rapidement et facilement. Quoi qu'il en soit, faites vous votre propre avis pour bien investir. Soyez responsable de votre argent.

Note : un fond de sécurité est conseillé avant d'investir en PEA.

Introduction

Les pays européen, et beaucoup d'autres, ont des plans pour faire fructifier l'argent de la population. Ces plans permettent d'investir dans l'économie d'un pays, et de réaliser des projets plus ou moins clairs selon le type d'investissement du particulier. Le livret A est le plus célèbre investissement pour la population française. Créé en 1818 avec la caisse d'épargne de paris dans l'objectif de solder la crise financière causée par les guerres du moment. Le livret A est le plan d'épargne préféré des français. Le problème réside dans le fait que sont taux d'intérêt est contrôlé par l'état et la BCE. Plus les taux de prêt (immobilier et consommation) augmentent, plus les intérêts que génère le livret A augmentent.

Depuis deux générations, le taux d'emprunt des banques faiblit. La rentabilité du livret A faiblit donc également. Ce placement est alors un paradoxe : c'est le préféré des français, mais c'est aussi celui qui rapporte le moins.. Les français ne s'intéressent pas à l'investissement assez sérieusement pour en connaître les ficelles. D'autres produits financiers existent. Et la population migre doucement vers ces autres produits, qui rapportent plus que le livret A, qui lui ne couvre même pas le taux d'inflation.

Ces autre produits, les voilà, ce sont l'assurance vie, le PEL (plan épargne logement), le PER (plan épargne retraite), les SCPI, le crowdfunding immobilier, les FCPI, l'immobilier, Les fonds commun de placement à risque (FCPR), les obligations d'état et le PEA (objet de ce livre).

Beaucoup d'autres sont moins connus et moins accessibles par les particuliers comme les comptes à terme et les contrats MADELIN. Ce livre se concentre sur l'investissement en PEA, le Plan Épargne Action. Ce type de plan d'épargne gagne en popularité parce qu'il ne dépend pas du gouvernement dans sa stratégie d'investissement et de rentabilité. En revanche, il dépend de l'État pour la fiscalité. Sur ce point, c'est également sécuritaire puisque le PEA bénéficie d'avantages fiscaux dont nous reparlerons...

Mais alors, c'est quoi le PEA, et pourquoi il doit attirer notre attention ?

Rappel : Les conseils de cet ouvrage sont à titre indicatif, et ne constituent pas des conseils d'investissement professionnels. L'auteur du livre ne peut être tenu responsable de vos actes...

Le PEA : Précision & information

Le PEA est le Plan d'Epargne Action, Ce plan est proposé résident français depuis 1992, Il existe pour répondre à plusieurs besoins, tout d'abord, il permet au particuliers d'investir dans un plan structuré. Les particuliers visés avec le projet PEA, sont la classe moyenne ainsi que les populations défavorisées. Mais le PEA permet également de soutenir l'économie française et européenne grâce à son panier de titres éligible.

Si un titre est éligible au PEA, c'est qu'il a de grande chance de donner un coup de boost à l'économie française et européenne. Mais quels sont ces titres ? Les titres que vous pouvez détenir dans un PEA sont principalement les actions et les ETF.

Cela signifie que vous investissez dans des entreprises européennes qui sont cotées sur les marchés boursiers.

Note : Les marchés boursiers peuvent faire fuir plus d'un néophyte, mais il existe des stratégies pour gagner en bourse, nous verrons cela dans un chapitre dédié.

Typiquement, vous pouvez détenir une action de l'entreprise française Total, qui est cotée sur le marché de la bourse. Cette action peut monter en valeur, et peut également descendre. C'est la loi de l'offre et de la demande. Si beaucoup veulent acheter d'action et qu'il n'y en a pas de disponible, l'action monte. Et s'il y a plus de vendeurs que d'acheteur, l'action baisse. Le principe est qu'il faut acheter quand un titre est bas, et le revendre quand un titre obtient une forte valeur.

Dans le court terme, cela s'appelle du trading, et 80% des traders qui se lancent dans le trading font faillite au cours de leurs premières années d'activité. Nous, nous voulons faire fonctionner ce principe dans une vision à long terme. C'est uniquement dans cette vision que le PEA porte ses fruits. Nous ne parlons pas de trading insécurisant, mais bel et bien d'un investissement long terme beaucoup plus sécurisé.

Quand un actif est détenu sur une vision long terme (plus de 4 ans) :
- Il a plus de 85% de chance d'évoluer positivement.
- L'actif reverse des dividendes
- Il n'y a pas de gestion, ce n'est pas un nouveau métier, mais un investissement.

Les dividendes obtenus chaque année, chaque trimestre ou chaque mois, sont des loyers que vous percevez de vos titres. En effet, détenir une action comme total, c'est également être propriétaire de l'entreprise (à juste titre, selon le nombre d'actions détenu). Si vous êtes en partie propriétaire d'un business, alors il est logique d'avoir une partie des recettes de l'entreprise, c'est le dividende. Vous êtes actionnaire d'une société. Et certains actionnaires qui ont d'importantes parts d'une même entreprise, peuvent même prendre des décisions lors de réunion d'actionnaire

Note : Les dividendes permettent un fort effet cumuler, et certains titres sont spécialement conçus pour les dividendes, C'est pourquoi la stratégie des dividendes sera détaillée dans un chapitre dédié.

Récapitulons, le PEA permet donc d'investir dans des titres, ou des groupements de titres à l'échelle européenne. Mais quelles sont les modalités de ce Plan Epargne Action ?

Le PEA peut être ouvert par un contribuable ayant son domicile fiscal en France. Chaque contribuable peut ouvrir un seul PEA, (pour les couples, un PEA peut être ouvert pour chaque conjoint).Les PEA sont ouverts à chaque contribuable. Il faut avoir plus de 18 ans pour ouvrir un compte cependant. Entre 18 et 25, pour une jeune rattachée au foyer fiscal de ses parents. Un PEA jeune est ouvrable dans la limite de 20 000 euros de versement. Ce PEA jeune sera ensuite transformé en PEA standard, avec un plafond maximal de versement de 150 000 euros. Ce plan d'épargne est ouvert dès le premier versement. Il restera ouvert si l'utilisateur ne retire pas les fonds trop vite.

L'horizon du PEA pour bénéficier d'avantages fiscaux est minimum 5 ans. l'idéal est 8 ans ou plus. A la sortie du PEA, l'épargnant pourra choisir de retirer ses mises, ou transformer le montant de son épargne en dividende viagère par exemple.

Note : La fiscalité du PEA fera l'objet d'un chapitre dédié..

Les modalité et clauses du PEA sont donc simpliste. Sachez que plusieurs produits financiers sont exclus du PEA, c'est le cas des titres ou droits démembrés, de parts de société civiles immobilière, des obligations, des titres PEE ou Perco, ou encore des SIIC.

Ouvrir son PEA

Ouvrir son PEA quand on est jeune, c'est avantageux, d'une part parce que les investissements faits des le plus jeune âge portent leurs fruits assez tôt dans la vie, mais aussi car la jeunesse permet les erreurs, et l'apprentissage des investissement en actions, sont parfois parsemé d'erreur. Investir tôt dans le PEA, c'est se former aux marchés financiers pour acquérir un patrimoine rapidement. mais cela reste relatif, les jeunes doivent être encadrés dans l'investissement en Plan Epargne Action. C'est également pour cela que le plafond d'un PEA jeune est minimisé à 20 000 euros de plafond.

Pourquoi ouvrir un PEA ?

Un PEA doit être ouvert pour obtenir des actifs financiers. Cet investissement permettra de générer des plus values et dividendes sur les entreprises cotées. Ces entreprises cotées ne dépendent pas de l'État, et je pense que les entreprises sont plus stables que la politique. C'est également pourquoi beaucoup de particuliers préfèrent investir dans les entreprises. Le plan épargne action est généralement très linéaire si l'on fait attention à ses investissements et que l'on suit sa stratégie. Résumons les raisons d'investir dans un PEA.

- Une enveloppe fiscale largement préférable au compte titre traditionnel
- Des possibilité d'investissements relativement large (Action, ETF, SICAV)
- Des Revenus dépendant d'entreprises (plus sécurisé dans un monde capitaliste)
- Accessible chez de nombreux courtiers physique ou en ligne

- Bénéfice dans un cadre long-terme, beaucoup plus sécurisé
- Demande pas beaucoup de temps en gestion de patrimoine

Comment ouvrir son PEA ?

Ouvrir ce fameux plan est relativement simple. La majorité des banques et brokers proposent des PEA. 70% des particuliers français investissent dans des brokers en ligne. Ces "brokers" sont des interfaces web (avec du personnel pour vous répondre et une société derrière) qui vont s'occuper de passer les ordres de bourses. C'est votre lien entre votre argent et le marché boursier.

Pourquoi ces brokers en ligne apparaissent comme la norme ? Si la majorité des particuliers choisissent de passer par un broker en ligne, c'est parce que les frais pour passer les ordres en bourse sont infiniment plus petits que ceux des banques traditionnelles.

Les banque physique et traditionnelle effectuent parfaitement leurs missions de gérer nos comptes courants et la plupart de nos actions quotidiennes. Cependant, elles sont moins performantes pour l'interaction avec les marchés financiers, c'est pourquoi leurs tarifs sont aussi élevés. A titre d'information, pour passer un ordre de 500 euros, vous pourrez payer entre 8 et 15 euros dans les banques physiques. Sur ces brokers, vous paierez entre 0.90€ et 3€. La différence est considérable, ce qui justifie les placements sur les brokers en ligne. Pour ouvrir votre plan d'épargne action, il faudra donc sélectionner un lien entre vous et les marchés financiers (banques ou brokers). Il faudra ensuite ouvrir un dossier, comme lorsque l'on ouvre un compte dans une banque, et remplir des documents sur votre identité, revenus, domiciliation fiscale. Une fois vos documents remplis et votre demande traitée, votre PEA sera accepté et vous pourrez faire un premier virement

(généralement obligatoire) pour ouvrir le PEA. C'est ce premier virement qui annonce l'ouverture du compte de placement.

Les jeunes encore domiciliés chez leurs parents, doivent fournir en plus, un justificatif de domicile, une attestation de logement écrit par les propriétaires du domicile, ainsi qu'une signature des parents.

Brokers, plafond et frais

Étudions ensemble les brokers et leurs frais, ainsi que les plafonds. La première partie de cette section traitera des variables qui peuvent changer selon le brokers. D'ailleurs ces informations peuvent changer avec le temps, je vous invite donc à vérifier mes propos sur les sites officiels des brokers. La seconde section traite des données fixes qui ne changent pas avec le PEA : les plafonds.

Tout d'abord, les brokers en ligne. Il en existe une multitude, je vais présenter ici les principaux acteurs qui nous permettent d'interagir avec le marché. Pour chaque broker présenté, j'annoncerais les modalités de la plateforme, leurs frais, avantages et inconvénients. Certains brokers ont des options comme des garanties supplémentaires, voilà pourquoi des brokers s'adaptent à des profils particuliers d'investisseurs. Par exemple, si vous êtes jeune et que vous n'avez pas de grosses sommes à investir, vous préférez sans doute une bonne application mobile, et pas de garanties supplémentaires qui ne vous serviront pas. Voilà donc les brokers et leurs caractéristiques : faites votre choix.

Fortuneo banque propose des frais de 1,95€ pour un ordre de 500 euros. C'est un bon site, malgré une ergonomie assez faible. Il est moins connu que les suivants. Fortuneo offre les 100 premiers ordres.

Ensuite, nous avons **Boursorama Banque** qui est le broker que j'utilise quotidiennement. 1,99€ sera facturé pour un ordre de 500 euros. Ce prix est dans la moyenne, Boursorama propose également des garanties et une application mobile. Sur Boursorama, vous pourrez également inclure vos autres comptes bancaires (autre banque) pour une meilleure gestion. Cette banque en ligne propose aussi beaucoup d'articles très intéressants sur la finance. Vous pourrez également inclure vos biens immobiliers sur le site pour une gestion de patrimoine complète.

BourseDirect propose des frais de 0,99€ pour un ordre de 500€. C'est un broker peu cher, et adapté au débutant, Il propose également des garanties en capitale en option. Cette plateforme a beaucoup d'options et est donc très flexible. Des frais de 0.09% s'appliquent pour les ordres supérieurs à 4 400€.

Binck propose des frais de 2,50€ pour un ordre de 500€, c'est assez cher et le broker est peu connu.

Degiro est connu et possède une bonne application mobile, mais ce courtier ne propose pas encore de PEA. Il est en cours de développement.

InteractiveBroker est utilisé par beaucoup de traders et gestionnaires de portefeuilles, Interactive Broker n'est plus présenté, avec de très bonne garanti de conservation de capitale, et de bons serveurs qui permettent le bon passage des ordres. Ce courtier peut fonctionner avec plusieurs autres logiciels. En revanche, Interactive Broker n'est pas pour les débutants puisqu'il demande une somme conséquente pour commencer à investir. Cette plateforme est plus pour les traders que les investisseurs comme nous.

enfin, **Etoro** est un site connu, il prend d'énormes frais pour l'investissement et ne propose aucune garantie, alors pourquoi je vous en parle ici ? Etoro est pratique pour ouvrir des comptes virtuels, qui serviront à faire des tests sur les vrais marchés financiers. Etoro vous permet de passer des ordres fictifs pour vous entraîner.

Le choix du broker est personnel, n'hésitez donc pas à vous renseigner davantage, avec vos critères de décision en tête. Si vous faites le mauvais choix et que vous voulez changer de broker après avoir investi, cela est encore possible. Il faudra contacter l'agence ou se trouve votre PEA, puis il faudra retirer son dossier, certains brokers sont plus clément que d'autres dans la démarche, mais cela sera toujours possible. Cela a un prix qui est fixé en fonction du nombre de lignes dans votre PEA. Les frais de dossiers commencent à 40 euros.

Les plafonds

Les plafonds ne varient pas dans le temps, excepté avec une loi française. Voici les plafonds et les règles du plan d'épargne action.
   - PEA standard : 150 000 euros de versement.
- PEA jeune : 20 000 euros de versement.
- PEA PME 225 000 euros de versement.

Je n'ai pas parlé du PEA PME pour le moment, c'est un produit destiné à l'investissement en PME (Petite Moyenne Entreprise) et en ETI (Entreprise Taille Intermédiaire). C'est un plan qui est similaire au PEA standard, avec les mêmes caractéristiques, seulement les actions et produits éligible sont limités. Le risque est légèrement plus élevé, la rentabilité est légèrement plus positive. C'est pour moi un plan pour les investisseurs plus expérimenté, et non adapté au débutant.

Les débutants doivent se concentrer sur l'investissement en valeur sécurisé et solide, dans une optique de vision à long terme.

Fiscalisation

Parlons désormais de la fiscalité. Le Plan d'Epargne Action est dit "niche fiscale", cela veut dire que ce plan comporte une solution pour "esquiver" les impôts.

Pourquoi pouvons-nous esquiver les impôts ?

Les résidents fiscaux français sont partiellement exemptés d'impôt si leur argent est utile à la nation. Or en investissant dans le PEA sur plus de 5 ans, vous participez au financement de l'entreprise et de l'économie française.Voilà pourquoi au delà de 5 ans d'ouverture du PEA, vos plus values et dividendes ne seront plus soumis à l'impôt. L'imposition sur le revenu dépend surtout de la durée de détention du PEA.

Avant de voir les dates clé du PEA, regardons deux types de taxe que vous devrez payer dans tous les cas. Premièrement, vous pourrez payer la flat tax qui est le prélèvement forfaitaire unique, cette taxe s'élève à 12.8%. Il y a une deuxième taxe incontournable pour tous les placements, c'est les prélèvements sociaux, qui sont de 17,2%. Ces taxes (flat tax + prélèvement sociaux) sont obligatoires dans la plupart des cas. Regardons maintenant comment évolue l'impôt sur le revenu selon l'âge du PEA (à partir de son ouverture, premier versement).

Moins de 2 ans : Si le PEA est ouvert depuis moins de deux ans, vous ne respectez pas l'objectif final de l'investissement en PEA. Si vous voulez retirer votre capital, vous paierez donc 22,5% d'impots sur le revenu.

Entre 2 et 5 ans : Entre 2 et 5 ans, vous êtes dans une meilleure condition, mais cela n'est toujours pas l'objectif final, puisque les impôts vous prendront 19% sur vos gains.

Après 5 ans : Votre objectif est atteint, à ce stade, les plus-values sont exonérées d'impôt sur le revenu.

Après 8 ans : Avant, l'échelonnage du PEA allait jusqu'à 8 ans, ce n'est plus le cas maintenant avec les nouvelle lois en vigueur, notamment la loi PACTE.

Exemple: Si votre PEA est âgé de 3 ans, et que vous avez investi 5 000 euros. Votre solde actuel est de 6 000 euros. Vous souhaitez récupérer ces 6000 euros.Vous avez effectué 1000 euros de plus value. Avec 3 ans d'âge, vous êtes imposé à 19%. Vous paierez donc 190 euros sur les 6000 que vous voulez retirer.

Il faut également préciser que les taxations portent uniquement sur les retraits du PEA. Votre PEA est constitué d'un compte d'investissement, et d'un compte en espèce. Vous pouvez donc revendre une position, et conserver les gains dans le compte espèce du PEA, et vous en servir pour réinvestir ensuite. Si votre argent ne sort pas du PEA (compte espèce compris), alors vous n'aurez ni flat tax, ni prélèvement sociaux. Important : Le retrait d'argent en dessous de 5 ans, est soumis à l'impôt, certes. mais il entraîne également la fermeture automatique du plan. Si vous voulez retirer de l'argent, même partiellement, en voulant conserver votre PEA, cela se fait uniquement après les 5 ans clés.

Répondons a quelques questions...

Les PEA, PEA jeunes et PEA-PME ont-ils la même fiscalité ?

Tout a fait, ces différents PEA change selon l'âge, et les éligibilité des actions ou ETF, mais la fiscalité reste identique

J'ai un PEA mais je ne suis plus résident fiscal Français puisque je déménage a l'étranger, que faire ?

Dans ce cas, vous pouvez conserver votre PEA. Le PEA continue à fonctionner même si l'on est plus résident français. Il faut être résident français uniquement à l'ouverture de ce type de compte.

J'ai entendu parler de la Taxe sur les Transactions financières (TTF), Pouvez-vous m'en dire plus ? La TTF est une taxe du gouvernement français, qui s'applique sur les transactions avec des sociétés qui ont un capital supérieur à 1 milliard d'euros. Cette taxe s'élève à 0.3% du montant d'un investissement (avant courtage)

L'investissement est-il liquide ? L'investissement est liquide, mais en dessous de 5 ans, si vous retirez les gains, vos avantages PEA seront perdu

Titre éligible

Le PEA est une enveloppe. Dans cette enveloppe, certains titres sont éligible, et d'autres non. Pour savoir si un titre est éligible au PEA, il faut se rendre sur le site web boursorama, et inscrire dans la barre de recherche, le titre voulu. Boursorama indique si le titre est éligible au PEA dans le résumé du titre. Un titre sera éligible au PEA si sa valeur est productive pour le pays ou l'union européenne. Chaque titre passe devant une commission pour être validé et éligible en investissement PEA. Nous allons ici nous intéresser au titre éligible au PEA, il y a principalement les actions et les ETF. Nous allons voir les caractéristiques de chacun.

Les actions

Les actions sont des morceaux d'entreprise. Ces actions sont générées par l'entreprise. La compagnie qui émet les actions garde au moins 50% des actions, afin de rester maître du jeu, le reste des actions sont divisé entre tous les actionnaires. Si une compagnie a divisé son capital en 1000 actions, elle garde 500 parts au minimum. Les actions sont des fractions d'entreprise, ces actions peuvent être recalculées pour ajuster le prix d'une action, dans l'objectif que l'action en elle-même soit accessible au plus grand nombre. Dans le cas d'un réajustement de l'action, l'actionnaire garde la même somme investie, seul le nombre de parts change. Les actions versent également des dividendes, les dividendes sont les bénéfices de l'entreprise, répartie en part égale dans les actionnaires.

Elles sont versées une fois par an, ou par trimestre, ou tous les mois. Cela dépend de l'entreprise et de sa politique. Le rendement en dividende par action est également donné par l'entreprise. Certaines compagnies proposent 10% de dividendes, d'autres en proposent 0.05%. Les actions que vous allez choisir dépendent donc de votre stratégie, que nous allons étudier un peu plus loin. Quand vous investissez dans une action, vous êtes propriétaire d'un bien, ce qui n'est pas le cas de tous les titres valable en PEA, regardons maintenant les ETF.

Les ETF

ETF signifie "Exchange Traded Fund", a traduire par fonds indiciel coté. Les ETF sont des groupements d'action. Ce genre de produits est également appelé tracker. Contrairement aux actions, les ETF sont des produits émis par sociétés de gestionnaires de fonds.

Les actions à l'intérieur d'un ETF sont gérées par la société. Au sein du PEA, les ETF éligible sont des trackers synthétiques, cela veut dire que vous n'êtes pas propriétaire des actions à l'intérieur du tracker. Vous n'investissez pas dans l'économie réel des l'entreprise, mais dans un indice qui reflètent leurs valeurs.

Au-delà de ce phénomène, les ETF sont d'excellent outils pour suivre un secteur en particulier, en effet, il en existe de tous types. Vous pouvez par exemple choisir un ETF qui se concentre sur les entreprises dans le domaine de la santé, ou encore un ETF qui regroupe les pays émergents.

Au lieu d'ajouter 40 lignes sur votre PEA pour ajouter uniquement des entreprises dans le domaine High-tech, pourquoi ne pas préférer un ETF spécialisé ? Les ETF sont également intéressant pour deux choses :

1. Gestion des actions

Un ETF, par exemple le CAC 40 qui regroupe les 40 meilleures entreprises françaises, peut changer dans le temps. Les 40 entreprises les mieux classées actuellement, ne seront pas celles de demain.. Donc si vous investissez dans le CAC 40, les entreprises qui seront moins performantes pourront laisser place à d'autres plus rentables.

1. Lisser l'investissement

Si vous possédez une action et que celle-ci fait une chute libre dans son cours boursier sur le long terme, vous pouvez perdre de l'argent. Alors que si vous avez investi dans l'ETF qui héberge cette entreprise, parmi d'autres. Alors l'ETF (qui fait une moyenne pondérée) baissera nettement moins. Il se pourrait même que vos positions évoluent positivement si d'autres entreprises font des performances.

Les ETF ne sont pas magiques, mais ils permettent de lisser l'investissement, et de fournir une sécurité supplémentaire.

Les ETF sont très largement répandus pour leurs avantages non négligeable. J'ai moi même plusieurs ETF dans mon PEA. Cependant il y a quelques points négatif à noter pour les ETF

1. L'information

Le renseignement avec les ETF sont parfois compliqué, il faut fouiller des heures sur internet pour obtenir les informations concernant les ETF, et comme il y a énormément d'ETF sur les marchés, cela devient vite compliqué. Les ETF sont d'excellents outils, mais il faut privilégier les ETF célèbres car on dispose d'informations et de recul les concernant.

2. Les dividendes

Les ETF omettent de dire certaines caractéristiques, la plupart des ETF émettent des dividendes, mais les émetteurs oublient souvent de dire la fréquence de distribution des dividendes, la rentabilité en pourcentage de celle-ci, ou encore comment les dividendes sont versés ? (Ils peuvent être versés en action supplémentaire, ou dans le compte espèce du PEA).

3. Frais de gestion et contact

Ces trackers sont gérés par des entreprises, cela comporte deux mauvais points, tout d'abord, les entreprises émettrices peuvent fermer (cela reste quand même peu probable). Ensuite, ces entreprises prennent des commissions qu'ils appellent des frais de gestion. Cela est normal car il faut du personnel pour pouvoir gérer un fond comme un ETF.

Quelques ETF à connaître :
- ETF Amundi SP500
- ETF Amundi Nasdaq-100
- ETF Lyxor MSCI Europe Technologies
- ETF Europe MSCI santé
- ETF MSCI World UCITS EUR
- ETF CAC 40

Pourquoi certaines ETF étrangères à l'Europe sont autorisées dans le PEA ?

Vous l'avez sans doute remarqué, les ETF sont parfois étrangers, alors que le PEA est censé donner un coup de boost à l'économie européenne seulement.Il n'y a pas de raisons officielles à cela, mais les ETF permettent d'attirer les investisseurs dans le PEA, c'est peut être pour la bonne réussite de ce produit qui est le PEA. En tous cas, cela offre une bonne solution pour les personnes qui souhaitent investir en dehors de la zone euro.

Quelques ETF à connaître :
- ETF Amundi SP500
- ETF Amundi Nasdaq-100
- ETF Lyxor MSCI Europe Technologies
- ETF Europe MSCI santé
- ETF MSCI World UCITS EUR
- ETF CAC 40

Pourquoi certaines ETF étrangères à l'Europe sont autorisées dans le PEA ?

Vous l'avez sans doute remarqué, les ETF sont parfois étrangers, alors que le PEA est censé donner un coup de boost à l'économie européenne seulement.Il n'y a pas de raisons officielles à cela, mais les ETF permettent d'attirer les investisseurs dans le PEA, c'est peut être pour la bonne réussite de ce produit qui est le PEA. En tous cas, cela offre une bonne solution pour les personnes qui souhaitent investir en dehors de la zone euro.

Les autres valeurs

Dans le PEA, il y a aussi les SICAV et les FCP , parlons-en ! Les SICAV sont des sociétés d'investissement à capital variable. Les SICAV émettent des actions selon les demandes d'inscription à leurs produits. Ce sont simplement des fonds de gestion qui proposent des choses différentes !

Trois caractéristique pour les SICAV:
- Elles permettent d'accéder à un portefeuille mobilier diversifié, et commun à plusieurs investisseurs.
- Ce type de portefeuille est géré par des professionnels.
- Les actions sont liquides

Les FCP. Ce sont les fonds communs de placement qui sont similaires au SICAV, sauf que ce n'est pas une société qui gère le fonds, mais une copropriété qui émet des parts. Chaque actionnaire devient membre de la copropriété.

En quoi les SICAV sont-ils différents des ETF ? Les ETF sont des fonds mutuels classiques, ils sont dans la catégorie des OPCVM ou UCITS, alors que les SICAV et FCP sont des OPCVM uniquement. Le mécanisme d'achat est différent. L'achat d'un ETF se fait auprès du gestionnaire du fonds, et celui-ci a ses limites (horaire, clôture, ouverture). Il y en a moins pour les SICAV et FCP.

La principale différence est le prix et l'accès.Les ETF sont moins onéreux car elles nécessitent une gestion qui est moins coûteuse que les SICAV/FCP. Quoi qu'il en soit, les SICAV/FCP sont peu répandus à travers les investisseurs en PEA, les informations concernant les fonds sont floues, et la majorité des investisseurs se contente des actions et ETF, ce qui permet déjà de faire beaucoup de choses.

Stratégie d'investissement en PEA

Vous connaissez maintenant les modalités du PEA, ainsi que les produits que vous pouvez acheter. C'est déjà une bonne part d'information, il vous reste à découvrir les techniques d'investissement, Quel choix font les investisseurs en fonction de leurs profils ? Pour répondre à ces questions, nous allons étudier deux méthodes connues que pratiquent les investisseurs du PEA, le value investing, et la stratégie à dividende. Ces stratégies s'appliquent également dans un compte titre ordinaire, ce sont des méthodes généralistes sur l'investissement en valeurs mobilières.

Note : La vente à découvert et l'utilisation de SRD n'est pas autorisé par le PEA

Value investing

La première méthode est l'investissement en valeur, cette méthode est classique, elle consiste à acheter des titres, afin de les revendre plus cher, dans l'optique de créer une plue-value sur le moyen-long terme. Nous somme sans le PEA, qui a une horizon long terme, a plus de 5 ans, mais vous pouvez quand même héberger des sommes sur votre compte en espèce (Rappel : Le Plan Epargne Action contient un compte de valeur investi, et un compte en espèce). Pour sécuriser les gains, et ne pas inventer un nouveau métier dans l'investissement, il vaut mieux utiliser cette méthode sur le moyen-terme. C'est-à- dire garder des actions plus de 6 mois. Avec cette méthode, il faudra analyser les mouvements des marchés financiers, les annonces à venir dans les entreprises, l'entreprise en elle-même et sa road-map, ainsi que des statistiques sur l'entreprise.

Toutes ces données pourront vous conseiller sur la valeur perçue de l'entreprise sur les mois à venir.

Il est également à savoir que beaucoup d'investisseurs en PEA maintiennent des positions sur 2 ans et plus. N'hésitez donc pas à laisser vos positions ouvertes sur des années. Encore une fois, nous ne faisons pas de trading, nous faisons de l'investissement. Cette méthode se concentre sur la plue-value pour générer des gains, contrairement aux stratégies des dividendes.

Stratégie des dividendes

L'autre approche concernant les stratégies d'investissement est la stratégie des dividendes. Cette stratégie est de plus en plus démocratisée. Elle consiste à investir uniquement dans des entreprises qui génèrent des dividendes.

Dans une optique de long-terme avec cette stratégie, on souhaite que les dividendes soient éternellement croissants, et continue. En effet, les entreprises choisissent de verser ou non les dividendes a la fin de chaque période. Certaines entreprises versent un dividende une année, puis il n'y a pas de dividende l'année d'après.. L'objectif ici est donc de choisir des entreprises stables et croissantes en termes de dividende.

Les dividendes permettent d'accroître l'effet boule de neige puisque le dividende peut être réinvesti, pour générer encore plus de dividendes. Pour investir selon cette stratégie, il faudra faire une analyse plus fondamentale de l'entreprise. Connaître sa capitalisation, son historique de dividende, sa politique, son passé en termes de finance.. En clair, vous allez devoir fouiller les bilans financiers des entreprises.

Comment obtenir ces informations ?

Vous pouvez obtenir tous un tas d'informations sur les sites web des entreprises, les résultats financiers sont souvent publics. Des sites web comme société.com, ou encore le site seekingAlpha peuvent vous aider dans vos démarches de recherche.

Cependant, ce n'est pas parce que le dividende est important qu'il faut négliger la valeur boursière. Si l'entreprise effectue une chute dans son graphique, ce n'est pas grave puisque nous visons le long terme, et puis vous toucherez vos dividendes si l'entreprise est fondamentalement seine. Mais si l'effet des dividendes est couplé avec des plue-value sur les valeurs, c'est encore mieux. Les particuliers qui réussissent dans le PEA, génèrent des dividendes et des plue-value en même temps.

Certains se servent de leurs dividendes pour vivre, et de la plus value générée pour l'augmentation du capital investi.

La stratégie des dividendes est très lucrative, uniquement si vous sélectionnez les bonnes entreprises. Certaines compagnies versent des dividendes ininterrompus depuis plus de 60 ans, ces dividendes sont également croissant. C'est là que l'effet boule de neige prend de l'ampleur dans l'investissement.

Note : La stratégie des dividendes est plus stable car elle ne compte pas seulement sur les marchés financiers, qui sont très fluctuants.

Vous pouvez également utiliser les dividendes pour avoir un revenu régulier, si une entreprise A & B versent un dividende tous les 2 mois.. Alors investissez dans A le premier mois, et dans l'entreprise B le second mois, ainsi vous aurez des revenus mensuels.

Cette méthode est souvent utilisée pour les personnes qui n'aiment pas avoir des revenus annuels ou trimestriels. Utilisez les calendriers des dividendes à votre avantage.

Conseil généraliste

Voici quelques recommandations pour bien investir dans un PEA, pour sécuriser un peu plus ses gains. Ces conseils sont logiques, et/ou proviennent de personnes avec de l'expérience.

Rappel : Les conseils de cet ouvrage sont à titre indicatif, et ne constituent pas des conseils d'investissement professionnels. L'auteur du livre ne peut être tenu responsable de vos actes.

1. investir dans des entreprises ennuyante

Warren buffet, qui est un homme d'affaire et investisseur américains avec une fortune estimé a plus de 65 milliard de dollars, fondateur de Berkshire Hathaway,nous propose d'investir dans des entreprises qui sont ennuyantes. Ce sont les entreprises dont l'activité est redondante et compréhensible qui prospère le plus. En effet, le célèbre américain, aussi appelé "l'oracle d'Omaha" possède des parts dans des entreprises comme Coca, ou l'activité est essentielle pour les hommes des temps moderne, les activités de Coca sont également très compréhensibles et couvrent un large besoin sur la planète.

2. Miser sur les fortes capitalisation

Investir sur des entreprises qui sont solides, c'est investir sur des compagnies qui ont de fortes capitalisations. La capitalisation est la valorisation de l'ensemble des actions en circulation.

Si la capitalisation est élevée dans un secteur donné, alors l'entreprise a peu de chance de faiblir ou de faire faillite. Comme dans le premier conseil, ce sont les choses ennuyantes qui fonctionnent. Il s'agit ici de ne pas céder aux fantasme des nouvelles sociétés High-Tech qui promettent le nouvel appareil à la mode. (Le High-Tech est un domaine spécifique, il est préférable d'être initié pour investir dans ce secteur).

3. Le passé historique

Les entreprises qui n'ont pas de passé historique ont trop peu d'informations à nous fournir. Si une société est jeune, comment pouvons-nous savoir si elle va tenir dans les prochaines crises ? ou si l'entreprise ne profite pas d'une bulle ? De plus, pour pouvoir analyser les dividendes, ainsi que les bilans financiers, la politique générale de l'entreprise, et sa valeur réelle, il vaut mieux avoir beaucoup d'informations à disposition.

Fuyez donc les entreprises qui ne nous donnent pas de recul et qui ont moins de 5 ans de données à analyser.

4. Eviter la médiatisation

La médiatisation est quelque chose de bien puisque les journaux parlent de l'entreprise, ce qui peut accroître le nombre d'investisseurs. Mais cela peut aussi jouer le rôle inverse.. Explication: Les passages à la télévision suscite des débats, ce qui provoque des ventes et des achats. Les passages à la télévision provoque des mouvements de bulles à cause des néophytes et mouvements sociaux. (l'analyse technique des graphiques, les figures de chartiste reposent sur le mouvement de foule)Vous l'avez peut être compris, une entreprise médiatisée peut faire varier fortement un cours boursier fortement, seulement on ne sais pas comment les particuliers réagissent aux informations.

Nous l'avons vu dans l'introduction en bourse de la FDJ, c'était médiatisé et instable. Un autre exemple parfait est le constructeur américain Tesla, l'entreprise américaine fondée par l'entrepreneur Elon Musk. Cette entreprise est très médiatisée par les journaux et également par M. Musk. Il n'est pas question ici d'éthique sur le bien ou le mal. Cependant j'aimerais mettre en évidence que les cours des actions peuvent grandement fluctuer suite à des interventions dans les médias.

5. Prendre les dettes en compte

Comment faut t'il voir la dette des entreprises ? C'est une grande question, si l'entreprise possède des dettes, cela n'est pas forcément négatif, les dettes sont des leviers qui permettent d'investir pour ensuite améliorer la productivité ou le stock, ce qui génère de plus gros bénéfices. La dette est quelque chose de bien. Cependant il ne faut pas que la dette soit trop importante.

Comparez les dettes des entreprises dans les secteurs qui vous attirent. Les chiffres concernant les dettes sont très variables d'un secteur à l'autre.

6. Calculer la valeur d'achat

Benjamin Graham pense que la valorisation d'une société au moment d'un achat d'un titre ne doit pas excéder 15 fois la moyenne des bénéfices par action des 3 derniers exercice

Nombre de ligne dans un ETF, et cloisonnement

Le nombre de lignes dans un PEA est important pour beaucoup d'investisseurs. Or le nombre de lignes importe peu. Il faut faire attention aux nombre de lignes dans le PEA uniquement dans le cas où vous voulez changer de broker. Dans ce cas, les frais seront calculés en fonction du nombre de lignes.

Le nombre de lignes dans un Plan Épargne Action, cela traduit quoi exactement ?

Le nombre de lignes n'est pas important, mais il traduit un certain profil. En effet, s'il y a beaucoup de lignes, et donc beaucoup d'investissement : cela veut dire que le portefeuille est diversifié. Il faut cependant relativiser, un portefeuille qui comporte une action et un ETF n'a que deux lignes, et pourtant l'investissement est relativement diversifié puisque un tracker regroupe plusieurs actions ! Si votre PEA contient trop de lignes à votre goût, alors pourquoi ne pas envisager un ETF qui regroupe vos actions favorites ? C'est une question de choix, puisqu'un investisseur peut aimer beaucoup d'entreprise d'un secteur, et être en même temps très sélectif, ce qui l'oblige à prendre des actions différentes, au cas par cas. Le nombre de lignes d'un ETF dépend donc de votre profil et de votre vision de l'investissement.

Encore une fois, il s'agit ici de choix personnels, et non de stratégie unique et globale.

Généralement, les investisseurs ont la réplique : " Un portefeuille diversifié contient entre 5 et 10 lignes". En effet, ne pas avoir assez diversifié son portefeuille est plutôt dangereux. A l'inverse, dilapider son portefeuille dans beaucoup d'actifs offre un rendement inférieur. C'est donc à vous de choisir ! Au-delà du nombre de lignes dans le support d'investissement, vous pouvez également vous poser une autre question..

Comment répartir le capital entre ETF et actions ?

Certains conseillent 50% ETF et 50% action, d'autres disent 80% et 20% action. En réalité, cela dépend de votre profil et de votre prise de risque toléré. Si vous optez pour une stratégie défensive, vous souhaitez diversifier votre portefeuille pour diminuer le risque, dans ce cas il est préférable d'avoir entre 65% et 100% d'ETF. Si vous êtes plutôt offensif, vous choisirez un taux entre 0 et 50% d'ETF. Les actions sont plus risquées car elles ne visent qu'une entreprise, mais elles peuvent apporter plus de rentabilité. Comme toujours, plus le gain probable est élevé, plus le risque est grand.

Les actions sont plus risquées, donc vous devez passer plus de temps à analyser les entreprises fondamentalement. Si vous n'avez pas ce temps, ou un manque de confiance et/ou d'expérience, alors capitalisez sur les ETF. En effet, les investisseurs expérimentés s'accordent à dire que les ETF sont très largement préférables pour les débutants, si vous avez peur des erreurs, alors optez pour la stratégie défensive et les ETF. Pour bien faire, il faudra également bien choisir ses actifs, c'est le prochain sujet, allons-y !

Choisir ses actifs

Des investisseurs obtiennent plus de dix fois vos résultats avec le PEA, et pourtant, le support et l'enveloppe fiscale sont les mêmes, la seule variable à prendre en compte, c'est le choix de vos actifs, c'est ces choix qui déterminent votre capacité d'enrichissement. Bien choisir ses actifs est primordial et nécessite de l'apprentissage et de l'analyse.

Un profil d'investissement.

Il n'y a pas de modèle magique dans l'investissement. Certes certains gros poissons font de gros chiffres, mais ce n'est pas pour autant qu'il faut copier la stratégie et investir dans les mêmes actifs qu'eux.

Vous n'avez pas la même aversion aux risques, vous avez peut être des secteurs d'investissement différents. De plus, si les positions ne sont pas prises au même moment, cela fausse les données. Vous devez donc vous fier à vous même, et apprendre, analyser. Vous pouvez vous inspirer de mindset, de méthode de pensée, mais vous ne pouvez pas directement copier un portefeuille.

Chaque investisseur est différent, et vous devez trouver votre profil avant d'investir. Pour déterminer quel est votre profil, voici plusieurs questions. Tentez de répondre à ces questions par vous même. Vous allez ainsi obtenir votre style. Il faudra ensuite se tenir à votre profil et à vos valeurs, en toute circonstances.. Certains font même des fiches pour mémoriser leurs valeurs et leurs stratégies. Ainsi il est beaucoup plus difficile d'agir sous l'émotion. C'est un trait qui s'avère extrêmement utile en investissement.

Puis-je perdre de l'argent ? Si oui, combien ?

Si vous êtes en découvert tous les mois, vous ne pouvez pas vous permettre de perdre de l'argent, en revanche, si vous avez un bon travail et un niveau de vie confortable, vous pourrez vous permettre de perdre de l'argent. Déterminez donc votre perte tolérable. Il s'agit ici également de psychologie. Une personne peut avoir un bon niveau de revenu, et accepter un faible risque. Généralement, un investisseur prudent et défensif accepte entre 0% et 5% de perte en capital sur une année. L'investisseur équilibré accepte entre 5% et 15% de perte. Tandis que l'investisseur actif et offensif, accepte entre 15% à 25% de perte.

Quelle est ma situation personnelle et patrimoniale ?

Votre risque toléré dépend aussi de votre situation personnelle et financière. Les jeunes sont plus aptes aux risques puisqu'ils ont moins à perdre. Si vous êtes célibataire, vous avez peu de besoin et donc le risque accepté pourra augmenter. Si vous êtes en couple, ce risque accepté diminue, et il diminue encore plus si vous faites partie d'une famille. Si vous possédez d'autres actifs en plus du salariat comme de l'immobilier, des business sur internet, micro-entreprise ou autre, alors vous pouvez vous permettre plus de risque. Pour finir, les personnes fortunées acceptent un plus grand risque parce qu'il n'ont pas directement besoin de l'argent. En revanche, les personnes moins fortunées ont besoin d'une grande partie de leurs revenus pour vivre, alors elles n'ont pas d'argent "à gaspiller".

Tout cela reste relatif bien sûr. C'est une inégalité, mais les personnes déjà fortunées possèdent un avantage à investir dans le PEA et de manière générale.

Quel est mon objectif ?
Votre risque dépend aussi de votre objectif. On distingue trois catégories d'investisseurs, et autant d'objectifs. Gardez à l'esprit qu'on ne peut gagner gros sans prendre de gros risques (actif plus dangereux, ou somme investi plus conséquente).

- **L'investisseur prudent :** L'objectif principal de l'investisseur prudent est de sécuriser ses économies, et de faire fructifier le capital petit à petit. Généralement sur le moyen terme, c'est un complément de revenu qui est fixé.
- **L'investisseur équilibré:** L'objectif de l'investisseur équilibré est typiquement d'avoir une réserve suffisante

pour des vacances et pour générer une retraite profitable.

- **L'investisseur dynamique:** L'objectif ici est clairement l'indépendance financière. C'est l'objectif le plus difficile à atteindre, et également la situation la plus louable.

Quelle somme investir mensuellement ? Pour respecter ses engagements et ne pas agir sous les émotions, il est primordial de se fixer des limites. Vous devez avoir un minimum à placer chaque mois, et un maximum à ne pas dépasser. Réfléchissez à cette question, combien gagnez vous ? Combien vous reste-t-il à la fin du mois ? Combien je peux investir chaque mois au maximum ? Pour la somme minimale, vous pouvez utiliser votre objectif, et calculer avec une rentabilité moyenne (avec la fourchette basse). Exemple: Si vous voulez obtenir 500€ par mois, alors calculez sur votre échelle de temps, combien il faudrait investir dans l'idéal.

Vous pouvez utiliser des simulateurs d'effet cumulé pour avoir un bon aperçu. Regarder si vos estimations de dépôt minimum sont réalisables dans votre vie quotidienne. Vous pouvez ajuster ces limites en procédant par petit changement. Pour chaque changement de limite, il faudra analyser votre vie quotidienne, et déterminer si vous avez fait le bon choix.

Quel est mon horizon dans ces placements ? L'horizon de temps est une question intéressante. mais pour les investisseurs du PEA. C'est généralement 5 ans et plus pour des raisons fiscales. Vous ne pouvez pas jouer des petits coups, ici vous êtes sur un horizon long terme et vous devez pensez long terme. Cette question est valable en revanche pour les comptes titres.

Plus de 5 ans.. mais moins de 15 ans ? Pensez quand même à évaluer grossièrement votre horizon, afin de calculer vos limites et prévision d'objectifs..

Des actifs qui vous correspondent !

Chaque investisseur est différent, et il doit investir sur des actifs qui lui correspondent...Les actifs existant sont très nombreux, et il répondent chacun à des critères bien particuliers. Certains déteste les entreprises et fonds indiciels qui ne respectent pas l'environnement. D'autres ne veulent pas investir dans les secteurs du tourisme et de l'high-tech. Il faut choisir des actifs qui sont en accord avec vos valeurs. Inutile d'investir dans les entreprises reliées au pétrole si vous ne croyez pas en l'avenir du pétrole par exemple. Inutile d'investir dans une entreprise si vous n'aimez pas sa politique et/ou son PDG. C'est un choix éthique, mais également stratégique, il faut pouvoir rester 100% objectif sur l'entreprise.

Vos émotions et avis sur un instant T ne doivent pas vous perturber, surtout dans une vision long terme comme le PEA nous l'offre.

Comment choisir les actifs financiers à insérer dans le PEA ?

La solution la plus évidente est de choisir selon son profil d'investissement, les profils défensifs optent pour des ETF, et essaient de diversifier leurs ETF, par exemple avec le SP500, mais aussi un ETF Europe ou un ETF World. Les profils défensifs préfèrent également les entreprises à forte valeur, avec de grosses capitalisations. Les profils plus agressifs choisissent des ETF pour avoir un portefeuille diversifié, mais également et surtout des entreprises à moyenne capitalisation, c'est un risque plus élevé, mais l'entreprise à petite capitalisation a aussi une plus grande marge de croissance.

Le même principe s'applique à la stratégie des dividendes. Les défensifs acquièrent des actions en légère croissance, avec un dividende évoluant positivement, et un faible pourcentage de rentabilité, alors que les agressifs préfèrent les grosses rentabilités en matière de dividende, même si le dividende n'est pas toujours croissant ou n'est pas ponctuel. Bien sûr, cela reste hypothétique puisque chacun a sa définition du risque, et chaque particulier compartimentera son portefeuille selon sa définition du risque et son profil.

L'analyse fondamentale.

Dans l'analyse des entreprises, il y a l'analyse graphique qui permet de spéculer sur l'aspect social des investisseurs. l'analyse graphique permet aussi de pratiquer les mathématiques pour essayer de déterminer à l'aide de courbe et d'indice, l'évolution d'un cours boursier.

Cette technique d'analyse est utile pour évaluer la psychologie du marché, mais de manière générale, les investisseurs à long terme préfèrent étudier les entreprises de façon fondamentale. Nous ne sommes pas trader, et nous ne regardons pas des courbes toute la journée. Pour que l'investissement soit passif et procure une sécurité. Il faut analyser l'entreprise plus profondément. Il s'agit là d'éplucher les états financiers, les bilans, la dette, les dépenses et les ventes des entreprises que vous convoitez. La ou l'analyse graphique veut étudier le marché uniquement dans son cours boursier. L'analyse fondamentale est une vraie analyse financière de l'entreprise. et cela est plus sécuritaire de procéder comme cela.

Comment effectuer une analyse fondamentale ?

L'analyse fondamentale peut se faire sur le site même de l'entreprise, ou sur des bases de données publiques. Le site société.com retrace les entreprises françaises par exemple. Sur ce genre de site, vous avez accès à des états financiers. Les informations ne sont pas toujours aux rendez-vous, mais vous trouverez généralement vos informations en parcourant le web. Que cherche t-on comme information plus précisément ?

- Capitalisation boursière
- CA
- Concurrence et position sur le marché
- Dettes
- Bénéfice net
- Dividende
- Politique de l'entreprise
- Trésorerie
- Résultats net & bilan
- Statut juridique
- Secteur d'activité
- Historique

Vous l'avez compris, toutes les variables mathématiques chiffrées sont utiles pour déterminer la juste valeur d'un titre. Il faut également comparer les données récoltées avec des entreprises concurrentielles, c'est un travail de fourmis. Plus vous avez d'informations, plus vous disposez d'éléments de réflexion pour une prise de position.

Dans une optique de long terme. Il faudra vérifier particulièrement la croissance de l'entreprise depuis de longues années, ainsi que la stabilité financière. La ou certaines entreprise américaine versent des dividendes depuis plus de 60 ans sans interruption, il faut tâcher de trouver des équivalent français, qui sont croissant dans la capitalisation boursière, ou encore dans les résultats net, le CA ou les dividendes. Une belle croissance passée donne plus de confiance et de crédit pour une croissance future.

J'aimerais donner des données chiffrées précise, mais les limites varient selon le profil type de l'investisseur, et ces mêmes limites ne sont pas équivalentes selon les différents marché et secteur. Je vous encourage donc à étudier les variables des bilans financiers, à comparer les valeurs avec les compagnies concurrentes, et à vous fixer des limites chiffrées pour investir.

Lecture d'un bilan comptable

Comment lire un bilan financier d'une entreprise ?

La lecture de bilan financier n'est pas innée, elle s'apprend et s'interprète avec de l'expérience et une connaissance du contexte ou secteur. L'objectif ici n'est pas de faire de vous un comptable chevronné, mais simplement d'être capable de lire ce genre de bilan.

Le bilan comptable est un document de finance qui est également appelé "état de synthèse". Il regroupe tous les moyens de production d'une entreprise et tous les moyens de financement. Il s'agit ici de communiquer sur les actifs que possède l'entreprise, ce qui lui rapporte de l'argent, et également ses passifs: les dépenses.

Le bilan comptable est une image de l'état financier de l'entreprise, son patrimoine à un moment T. Une entreprise peut éditer un bilan comptable chaque année, mais aussi chaque trimestre. Regardons ensemble comment lire et interpréter un bilan comptable avec l'étude de chaque section de ce bilan. Toutes les lignes qui font rentrer de l'argent dans l'entreprise sont des actifs. C'est la colonne des rentrées d'argent. De la même manière qu'une personne éduquée financièrement cherche à accumuler de bons actifs, les entreprises adorent également les biens qui font rentrer de l'argent tous les mois dans la société. Les actifs sont nombreux et diversifiés, il peut s'agir de bien, d'investissement, de propriété intellectuelle, de fond, de stocks, mais aussi des valeurs mobilières et beaucoup d'autres choses. Voilà l'organisation générale de la colonne des actifs dans la plupart des cas :

- Immobilisations incorporelles (Établissement, fonds commercial)

- Immobilisations corporelles (construction, brevet)

- Immobilisation financière (participation, soutien, frais)

- Stock (matière première, marchandises,...)

- Créance (créance clients et créance divers)

- Compte financier (Valeur mobilière de placement, compte de régularisation)

Nous remarquons que globalement, les actifs listent les biens incorporels et corporels, les comptes financiers et les biens matériels comme les marchandises et les matières premières. On classe les actifs par ordre de liquidités. À la fin de cette colonne, le total de tous les actifs est effectué, cela donne un aperçu de la valeur que possède l'entreprise.

Les passifs sont les charges et les dettes de l'entreprise, qui retirent de la valeur à l'entreprise. Ce que l'entreprise doit. Regardons les types de charge que peut avoir une entreprise.
- Capitaux propres (capital social, réserve légale ou minimum)
- Résultat de l'exercice
- Provisions (pour risques et charges)

- Dette (Emprunt, dettes fiscales, dettes sociales, dettes de compte rattaché, dettes de fournisseurs, dette sur l'immobilisation et autres dettes...)
- Compte de régularisation

Les dettes et les provisions représentent la majorité des passifs. Avec la valeur que l'entreprise possède, et ce qu'elle doit, cela donne une image nette à un instant T de la santé financière de l'entreprise.

Bien évidemment, beaucoup complètent leurs analyses avec d'autres mesures et documents. Nous allons voir comment obtenir des métriques importantes dans la prochaine section.

L'objectif d'une entreprise est d'atteindre un certain équilibre financier. Les biens durables doivent être financés par des ressources à long terme. Si vous voulez consulter l'équilibre d'une entreprise plus précisément, vous pouvez consulter un document qui s'appelle "bilan fonctionnel" .

Génération de métriques pragmatiques.

- BFR besoin en fonds de roulement : Actif circulant (stock + créance client) moins le passif circulant (dettes)

- FR Fond roulement :
Capitaux permanents - emplois stables

- TN Trésorerie net : Fond de roulement - Besoin en fonds de roulement

- Taux d'endettement : endettement net / capitaux propre

- Taux de solvabilité : capitaux propre / total du bilan

Vous avez quelques clés en main pour tirer parti des bilans financiers. Cela vous permettra d'avoir une idée de la santé financière de l'entreprise. Cela est à mettre en relation avec d'autres informations comme le secteur d'activité, le marché, la politique d'entreprise, et d'autres documents plus précis. Si vous voulez analyser ce genre de document dans la profondeur, je vous recommande de suivre des cours de comptabilité.

En tant qu'investisseurs longs termes, ces analyses ainsi que les autres précédemment décrites, sont importantes pour juger la valeur réelle et long terme des entreprises. Il ne faut pas toujours se fier au cours boursier, qui ne reflète pas la vraie valeur, mais seulement des tendances et de la confiance.

Rentabilité du plan épargne action

Finalement, quelle est la rentabilité moyenne du PEA ? Et comment évolue t'il ?

Si la rentabilité dépend des profils, on peut néanmoins donner quelques chiffres, et tirer des conclusions globales sur le PEA. On note que le PEA est méconnu, mais offre une alternative pour investir sans payer d'impôt. Celui-ci offre une rentabilité très acceptable, c'est l'effet de la vision long terme. Le PEA permet de belles performances a qui sait manipuler l'analyse fondamentale.

- en 2018, 6,152 millions de PEA ouvert (forte évolution)

- en 2018 12 543 millions d'euros ont été déposé sur les PEA

- en 2018, l'encours moyen par titre est de 13 939€ (en baisse)

- Entre 2017 et 2019, les retraits ont été supérieurs aux versements.

Après la clôture du PEA

Sans limite de temps, vous pouvez laisser votre PEA ouvert, si votre limite de versement est atteinte, vous pourrez toujours manipuler le compte en liquide pour injecter des revenus du PEA dans d'autres produits.

Dans le cas où un PEA est clôturé par manque de discipline (demande de retrait de l'argent en totalité avant 5 ans). Votre compte sera clôturé, et l'argent restera disponible sur le compte espèce du PEA, vous ne pourrez plus en revanche prendre position dans des actions. Dans le cas où vous souhaitez commencer à retirer vos gains après 5 ans. Vous pouvez effectuer des retraits partiels. Certains brokers et banques proposent également une rente viagère. A vous de choisir.Si le retrait d'argent est total, alors vous perdez votre PEA, votre argent est disponible et vous pouvez ouvrir un autre PEA si vous le voulez.

- Les non respect de conditions de fonctionnement entraînent la fermeture du PEA.

- Le décès entraîne la fermeture du PEA.

Vous pouvez utiliser l'argent du PEA pour profiter de votre vie, ou vous en servir pour d'autres projets (immobilier, apport de crédit, business, retraite,...).

Conclusion

Le PEA est un outil qui permet de réaliser plusieurs choses, ce n'est qu'une enveloppe avec une bonne fiscalité. La réussite de votre PEA dépend grandement de ce que vous mettrez dans cette enveloppe. Avec les différents produits accessibles comme les actions ou les ETF, vous pouvez obtenir un portefeuille diversifié, avec un risque plus ou moins grand. Le principal atout de ce Plan Épargne Action reste la flexibilité. Le plan vous permet d'investir dans ce que vous voulez, avec le risque que vous pouvez tolérer.

Le plan n'est qu'une enveloppe, cette enveloppe est utile seulement sur le plan fiscal. Au- delà, c'est à l'épargnant et/ou investisseur de choisir sa stratégie. C'est là qu'intervient la connaissance de l'analyse fondamentale pour les investisseurs en vision long terme. La connaissance apporte les bons outils pour juger une action ou un ensemble d'action.

Quelle est donc la rentabilité de ce fameux PEA ?

Vous l'avez bien vu dans cet ouvrage, la rentabilité dépend sérieusement du type de placement. Et comme tous les placements, le gain est proportionnel aux risques encourus. Si vous placez 100% de votre capital dédié dans un ETF du SP500, alors vous pouvez espérer 8% par an sur une grande période de plusieurs dizaines d'années, c'est ce que semblent montrer les chiffres historiques sur le SP500.

Si en revanche, vous miser sur des actifs plus risqués, ou moins dilués, alors vos chances de gagner sont plus grandes, mais les risques de pertes également.C'est à l'investisseur de choisir son profil d'investissement, afin de balancer le risque et le gain probable. Il est également à noter que vous pouvez choisir un profil différent de votre caractère, certains ouvrent des comptes-titres uniquement pour tester des approches tactiques dans l'investissement en bourse. La rentabilité dépend également de l'analyse de l'entreprise par l'investisseur, c'est l'expérience de l'analyse fondamentale et/ou graphique qui augmentera votre taux de rentabilité. Apprenez donc, investissez ensuite !

Dois-je ouvrir un PEA ?

Cela dépend de votre situation et de votre objectif.

Si votre destination est de faire fructifier votre argent sur le long terme, et que la finance et la bourse vous intéressent, alors il convient de vous renseigner, d'analyser les produits financiers, et de réfléchir à ouvrir un PEA. Bien évidemment, cela veut dire que vous êtes apte à ouvrir ce PEA avec les conditions indiquées au début de cet écrit... Vous pourrez ensuite déterminer votre capacité d'économie mensuelle, afin d'ouvrir enfin votre PEA.

Rappel : Les conseils de cet ouvrage sont distribués à titre indicatif, et ne constituent pas des conseils d'investissement professionnels. L'auteur du livre ne peut être tenu responsable de vos actes.

Cher lecteurs et lectrices, je vous souhaite la réussite que vous méritez. Merci pour votre lecture.

Notez ce livre sur amazon.fr !

Comment investir avec le PEA ?

www.ingramcontent.com/pod-product-compliance
Lightning Source LLC
Chambersburg PA
CBHW070504220526
45467CB00002B/572